QUELLEN UND LITERATUR

DES

IN DEUTSCHLAND GELTENDEN

STRAFPROCESSRECHTS.

ZUGABE ZU AKADEMISCHEN VORTRÄGEN.

VON

D[R]. FRIEDRICH BLUHME.

BONN

BEI ADOLPH MARCUS

1854.

Quellen und Literatur des in Deutschland geltenden Strafprocessrechts.

Erster Abschnit: Gemeines Recht.

I. Römisches Recht.

A. Quellen und Ueberlieferungen. §. 1.

Die ältere Gesezgebung Roms in Sachen der Strafrechtspflege erscheint, nach der Weise fast aller unentwikkelten Rechte, auch in den zwölf Tafeln noch in engster Verbindung mit der ganzen übrigen Gesezgebung; und später, als das Strafrecht zum Gegenstande besonderer Volksschlüsse und Senatsdecrete gemacht wurde, blieb doch das Straf processrecht meist nur eine Zugabe solcher materieller Strafgeseze. So erscheint es uns namentlich in den noch auf Erz erhaltenen Bruchstücken der lex Seruilia repetundarum vom J. 650 der Stadt[1]; zwei ältere Geseze, die lex Porcia vom J. 557, und lex Sempronia vom J. 631, die wir besonders durch Cicero kennen, hatten wohl nur die richterliche Competenz bei schweren Anklagen gegen römische Bürger geregelt.

Erst unter Augustus, in der lex iulia iudiciorum publicorum, ward einmal eine allgemeine Straf-

1) Herausgegeben von Klenze 1825. 4°. Haubold antiquitatis romanae monumenta legalia 830. pag. 22...69.

processordnung erlassen, deren Inhalt sich aber leider nur in kleinen Bruchstücken erhalten hat [2].

Häufiger ergingen besondere Senatusconsulte über die Strafrechtspflege, z. B. das S. C. Silanianum (10 n. Chr.) [3], Neronianum s. Pisonianum (57 n. Chr.) [4], und Turpillianum (61 n. Chr.) [5].

Unter den kaiserlichen Verordnungen hat sich ein Edictum Constantini de accusationibus, wahrscheinlich nach einer alten Stein- oder Erztafel [6], viel vollständiger erhalten, als im theodosischen und im justinianischen Codex, welche übrigens besonders im neunten Buche die hieher gehörigen Constitutionen enthalten [7].

Die dogmatischen Quellen finden sich im fünften Buche der Sentenzen des Paullus (tit. 13...31), im lezten Titel der Institutionen Justinians (4,18: de publicis iudiciis), und besonders im 48sten Buche seiner Digesten [8]. Den Hauptstof bilden hier die Excerpte aus den Schriften de publicis iudiciis von Macer, Maecianus, Marcianus, Paullus, Venuleius.

Aus diesen Quellen würde aber der ältere römische Strafprocess kaum erkennbar sein, wenn nicht die Ueberlie-

---

2) Fragmenta Vaticana §. 197. 198. fr. 4 de Testibus (22, 5). fr. 2. 3 pr. fr. 12. §. 2 de Accusationibus (48, 1).

3) Tacitus annal. XIV, 42. 43. Paul. Sent. recept. III. 5. Dig. XXIX, 5.

4) Tacitus annal. XIII, 32. Paul. III, 5 §. 5. fr. 3 §. 16 de S. C. Silaniano (29, 5).

5) Tacitus annal. XIV, 41. Dig. XLVIII, 16. Cod. IX, 45 u. a. O.

6) Genaueste Ausgabe im Codex theodosianus von Hänel, zur const. 1 Ad legem iuliam maiestatis (9, 5).

7) Dazu kommen noch Theod. Cod. I, 5...16. Iust. Cod. I, 26—40. und aus den späteren Regierungsjahren Justinian's, besonders Nou. 69 cap. 1. Nou. 90. c. 5. Nou. 128. c. 21. Nou. 134. c. 5. 9.

8) Nächstdem sind die erheblichsten Titel: Dig. I, 12. 13. 15. 16. 18. 21, und Dig. XLVII, 23: de popularibus actionibus.

ferungen nichtjuristischer Autoren hinzukämen. Hier sind nächst den Werken der Historiker, ganz besonders die Reden Cicero's, die er in Criminalsachen gehalten, z. B. gegen Verres und Catilina, für Ligarius, Rabirius, Cluentius u. a. zu erwähnen.

B. Neuere Bearbeitungen. . . . §. 2.

1. P. Ayrault (1537...1601) l'ordre, formalité et instruction iudiciaire, dont les anciens Grecs et Romains ont usé en accusations publiques. Paris 575 u. o. Lateinisch, unter dem Namen Aerodius, zulezt Lugd. 641.
   Der Verfasser, Schüler des Cujas, Duarein und Doneau, Grosvater des Ménage, war Parlamentsadvocat in Paris, zulezt Criminalpräsident in seiner Vaterstadt Angers.
2. Ant. Matthaeus (1601...1654, zulezt Prof. in Utrecht) comment. ad lib. 47 et 48 Dig. de criminibus. 644 4°. u. o. zulezt noch Dusseldorp. 730. 4°, und kürzlich in Italien nachgedrukt.
3. Phil. Invernizi de publicis et criminalibus iudiciis romanorum libri tres. Rom. 787. Wieder abgedrukt, durch Böcking's Veranstaltung, Lips. 846.
4. Ern. Bogisl. Schmiedicke de historia proc. crim. romanorum Diss. I. Hal. 827. 4°.
5. Gust. Geib Geschichte des römischen Criminalprocesses bis zum Tode Justinians. 842.
6. Ferd. Walter römische Rechtsgeschichte ed. II. 846. Buch V Kap. 5...8.
7. C. Timoth. Zumpt de legibus iudiciisque repetundarum in republica romana. Comment. I...III. 846. 847. (Drei Vorlesungen in der Akademie zu Berlin.)

II. Kanonisches Recht. . §. 3.

Wie die kirchlichen Strafen, so war auch das kirchliche Strafverfahren seinem ursprünglichen Character nach zu verschieden von dem weltlichen, um einen directen Einfluss auf dieses gewinnen zu können; es musten Grenzüberschreitungen einerseits, und Zerrüttungen andererseits demselben erst die Wege bahnen. An die zahlreichen Bufsordnungen und Beichtspiegel[9] der älteren Kirche konte sich nur das Bestreben knüpfen, die eigentliche Strafe von dem Bufsfertigen abzuwenden; zu einem positiven Vorbilde war erst das inquisitorische Verfahren der fränkischen Synodalgerichte geeignet, auf dessen Grundlage sich später in dem Corpus iuris canonici eine neue Theorie des Criminalbeweises entwickelte. Je mehr die wesentlichen Unterschiede des römischen und des germanischen Criminalbeweises einer Ausgleichung bedurften, um so leichter konte dieses kanonische Beweisrecht auch in den weltlichen Gerichten Eingang finden.

Aus dem Corpus iuris canonici gehören besonders hieher: Decretum Gratiani Pars II Causa II. Decretal. Greg. V, 1. Sext. V, 1: de accusationibus, inquisitionibus et denunciationibus Greg. V, 2: de calumniatoribus. V, 22: de collusione detegenda. V, 34. de purgatione canonica. V. 35: de purgatione uulgari.

Bearbeitungen der hieher gehörigen Quellen enthalten Böhmer's ius ecclesiasticum protestantium, Biener's Beiträge zur Geschichte des Inquisitionsprocesses und der Geschwornengerichte 827, und Hildenbrand: die purgatio canonica und ciuilis 841. — vgl. Mittermaier deutsches Strafverfahren ed. IV (845) §. 14.

III. Germanisch-deutsches Recht.

A. Volksrechte, Capitularien, Rechtsbücher des Mittelalters. . . . . §. 4.

Eine besondere Geschichte des germanischen Strafprocesses von Wilda, als zweiter Theil seines Strafrechts der

9) Neuerdings gründlich bearbeitet und gesammelt von Kunstmann (844) Hildenbrand (851) und besonders von Wasserschleben (851).

Germanen (812), ist noch zu erwarten; bisher geben Grimm's Rechtsaltertümer (828) auch darüber die klarsten Anschauungen. Gottesurteil, Zweikampf und Eideshelfer sind die hervorragendsten Seiten dieses altgermanischen Strafprocesses.

Tittmann's Geschichte der deutschen Strafgeseze (1832) ist voll der gröbsten Irthümer.

Die hieher gehörigen Zeugnisse des Sachsenspiegels und seiner späteren Anhänge, so wie des schwäbischen Landrechts, sind in Klenze's Lehrbuch des Strafverfahrens (836) sehr vollständig abgedrukt worden.

B. Reichs- und Bundesgesezgebung. . §. 5.

Während die älteste kaiserliche Strafgesezgebung, in den Gottesfrieden (treugae dei) des eilften, und in den Landfrieden der späteren Jahrhunderte, für den Strafprocess nur höchst dürftige Materialien enthält, ist die peinliche Gerichtsordnung Carl's V. vom J. 1532 vielmehr überwiegend processualisch. Dennoch darf die Geschichte und Literatur derselben hier übergangen werden, weil sie nach hergebrachter Weise sich schon in allen besseren Lehrbüchern des materiellen Strafrechts behandelt findet.

Aus der Gesezgebung des deutschen Bundes bleibt, da die Beschlüsse vom 13. Nov. 1834 und 5. Nov. 1835 eben so wie die deutschen Grundrechte vom 27. Dec. 1848 (§. 4. 8...13. 35. 43. 46. 49.) blos eine temporäre Geltung gehabt haben, nur noch anzuführen:

Beschluss vom 24. Juni 1852, über den militairischen Gerichtstand in Strafsachen bei Bundestruppen, welche in Friedenszeiten zu Bundeszwecken znsammen gezogen werden.

C. Dogmatik und Literatur des gemeinen Strafprocesses.

1. Die italienischen Criminalisten. §. 6.

Der Einfluss der italienischen Prozessualisten auf Deutschland war im Strafprocesse eben so bedeutend wie im Civilprocesse. Er ward wenig geschwächt durch das Erscheinen der peinlichen Gerichtsordnung, da es in diesem Geseze auf exclusive Vollständigkeit durchaus nicht abgesehen war.

Vgl. Kleinschrod von den italienischen Schriftstellern über das peinliche Recht, im (alten) Archiv für das Criminalrecht Bd. I St. 1 No. 8. S. 164 ff. (sehr ungenügend.)

Biener Beiträge zur Geschichte des Inquisitionsprocesses. 1827 Cap. IV S. 78...119.

Savigny Gesch. des römischen Rechts im Mittelalter, Bd. 4...7.

Die Glossatoren des römischen Rechts haben den Criminalprocess in selbständigen Schriften fast gar nicht bearbeitet. Nur gelegentliche Erörterungen fehlen natürlich nicht in den Summae Codicis von Azo und Placentinus, so wie in der accursischen Glosse. Von Placentinus († 1192) wird auch noch eine Schrift „de accusationibus publicorum iudiciorum" angeführt, die aber in den Handschriften und Ausgaben nur als sechstes Buch seines Werks de uarietate actionum erscheint [10].

Mehr geschah durch die Kanonisten, namentlich in Beziehung auf den Inquisitionsprocess. Ioannes Teutonicus, Tancredus, Innocenz IV, Henricus de Segusio (Card. Ostiensis) haben denselben erörtert.

Die bedeutendsten Autoren sind aber die Dogmatiker, welche beide Rechte behandelten; namentlich Roffredus und Durantis.

1. Roffredus Beneuentanus (geb. vor 1190, gestorben nach 1243) hat in seinen libelli iuris ciuilis und libelli iuris canonici auch Criminalsachen behandelt, die später von Brant in die deutsche Jurisprudenz übertragen worden sind.
2. Guil. Durantis (Speculator), geboren in Frankreich 1237, gestorben 1296 in Rom. Sein vielbewegtes Leben gehört ganz nach Italien; nur 5 Jahre (1291—1295) war

---

10) Savigny Bd. IV S. 259 ed. II.

er Bischof von Mende (Mimatum) in Languedoc[11]. Von seinem grofsen Speculum iuris (vollendet gegen 1271) betrift der dritte Theil den Criminalprocess. Sein Commentator Jo. Andreae (+ 1348) hat in den 1346 geschriebenen Noten nachgewiesen, dass sehr viele Stellen dieses Werks aus anderen Autoren copirt sind; dies hat aber seinem Ansehen nicht geschadet. Doch ist dasselbe im Criminalprocesse früher geschwunden, als im Civilprocesse. — Die 39 Ausgaben des Speculum beginnen vor 1473, die lezte ist von 1678.

Die Nachfolger des Durantis waren wenig mehr als blofse Practiker. Zu ihnen gehören:

3. Albertus de Gandino (+ gegen 1300), Richter in Toscana und dem Kirchenstaate, dessen Buch de maleficiis in der zweiten Bearbeitung 1299 vollendet war. Die erste Bearbeitung war vielleicht schon vom J. 1262. Es giebt 14 Ausgaben aus den Jahren 1491...1699[12].
4. Angelus Aretinus de Gambilionibus, geboren gegen 1400, gestorben nach 1451. Sein Buch de maleficiis ist geschrieben zu Bologna um 1437, zuerst gedrukt s. l. 1472[13].
5. Julius Clarus, Richter in Mailand, dann in Madrid (1525...1575). Seine sententiae receptae waren in sieben Büchern angelegt, sind aber nur teilweise vollendet. Der wichtigste Theil, liber quintus, betrift das Strafrecht, und ist auch unter dem besonderen Titel Volumen und Practica criminalis gedrukt worden. Clarus war ausgezeichnet durch wissenschaftliche und practische Bildung, ganz besonders aber durch Selbständigkeit des Urteils und Reichhaltigkeit des Materials.

---

11) Savigny Bd. V S. 571..602. ed. II. Biener Beiträge S. 87...89.
12) Savigny a. a. O. Bd. V S. 560...65. Biener a. a. O. S. 93...97.
13) Savigny VI, 480. Biener S. 106...110.

Die systematische Anordnung ist die schwächste Seite des Werks. Sein Einfluss auf die deutsche Praxis war ausserordentlich [14].

6. Prosper Farinacius (1544...1613) Advocat und päbstlicher Fiscal in Rom, aber von zweideutigem Rufe, hat mit seinen geistlosen weitläuftigen Compilationen ein unverdientes Glük gemacht. Er benuzt in seiner Praxis et theoria criminalis, neben seinen italienischen Vorgängern, auch den niederländischen Criminalisten Damhouder. Ein Theil dieses Werks war 1581 vollendet [15]. Die Ausgaben seiner Opera criminalia beginnen 1597. An seinem grofsen Ansehen in Deutschland ist besonders Carpzov Schuld.

2. Die deutschen Criminalisten.

a. Des sechzehnten Jahrhunderts. §. 7.

Vgl. Zachariae Grundlinien des gemeinen deutschen Criminal-Processes 837. S. 6. 7.

1. Seb. Brant, in Basel, und Syndicus von Strasburg († 1520) hat in seinem richterlichen Klagspiegel 1516 grofsenteils den Roffredus übersezt, daneben Azo's Summa und den Durantis benuzt. Namentlich der zweite Theil, der Criminalprocess, ist nach Roffred und Durantis gearbeitet.
2. Ulrich Tengler, Stadtschreiber in Nördlingen, Landvogt in Hochstedt († 1510) hat in seinem Laienspiegel (Augsbg. 1509 fol. Strasbg. 1510) römisches und deutsches Recht zusammengestellt vgl. Biener Inquisitionsprocess S. 147...149.
3. Iustinus Gobler: „gerichtlicher Process", worin ein besonderer Abschnit: „Process in Peinlichen, Criminal-

---

14) Ausgaben: Francof. 1582. Taurin. 1586. Francof. 1590. 1596. 1626. vgl. Biener S. 112...116.

15) Biener S. 116...118.

und Malefiz-Gerichten". Fkf. 536. 542. 546. vgl. Spangenberg im N. Arch. des Crim. R. Bd. VII S. 443 ff. Abegg ebendaselbst 835. S. 1 ff.

4. Andr. Perneder († 1542 oder 1543): Halsgerichtsordnung, oder Straff und Peen aller und jeder Malefizhandlungen. 1544 u. o.

Holländisch übersezt von Jac. Salwechter: Tractaet Crimineel. vgl. Wächter im Archiv des Crim. Rechts N. F. 834. S. 82 ff.

5. Abraham Saur peinlicher Prozess. Ff. 550 fol., betrift besonders die hessische Praxis. Biener S. 161.

6. Iodocus Damhouder († 1581) praxis rerum criminalium. Antwerpiae, mit Vorrede von 1551. 554 u. o. Ohne eigenen Werth, aber sehr viel benuzt, sogar im Preuss. Landrecht v. 1620. s. Biener S. 163...65.

b. Deutsche Criminalisten des 17. Jahrhunderts. . . . . §. 8.

Biener Beiträge S. 165...174. Zachariae S. 7. 8.

Die deutschen Criminalisten des 17ten Jahrhunderts folgten zwar, gleich denen des 16ten, noch den italienischen Autoritäten, aber sie traten doch unabhängiger auf, wie sie denn auch in den deutschen Spruchcollegien einen selbständigeren Einfluss auf die Praxis übten. Die Spruchcollegien und Schöffenstühle musten nemlich in Folge der PGO. einen solchen Einfluss gewinnen, da die ordentlichen Strafrichter von dieser häufig angewiesen wurden, sich bei ihnen Raths zu erholen [16]. So ist, mit Hülfe der Actenversendung, der neuere gemeine Strafprocess in Deutschland hauptsächlich aus den Schöppenstühlen und Juristenfacultäten hervorgegangen, welche die PGO. in wissenschaftlichen Zusammen-

---

16) PGO. 7. 112. 113. 117. 150. 160. 61. 64. 66. 203. 219. Einen directen Gegensaz dazu bildete der wieder aufgehobene Bundestagsbeschluss vom 5. Nov. 1835.

hang mit dem römisch kanonischen Rechte brachten. Benedict Carpzov's (1595...1666) „practica noua imperialis saxonica rerum criminalium“, die im dritten Theile den Criminalprocess enthält, erlangte fast gesezliches Ansehen [17]. Ihm zunächst folgten Brunnemann [18] und Stryk [19].

c. Neuere Systeme des gemeinen Strafprocesses. . . . . §. 9.

I. Verbunden mit dem summarischen Prozesse:

J. Gfr. Schaumburg († 1746) praxeos iuridicae principia. Jenae 738. Ed. III (cura J. A. Reichardt) 794...804. 3 Bde.

Just. Claproth († 1805) Einleitung in die sämtlichen summar. Prozesse. Gottg. 777. 4te Ausg. v. Willich. 808.

W. A. F. Danz Grundsäze der summarischen Prozesse. 792. 3te Ausg. v. Gönner 806.

II. Verbunden mit dem materiellen Strafrechte:

Jo. Sam. Fri. Böhmer († 1772) elementa iurispr. criminalis. Hal. 733. 774.

Chr. Fr. G. Meister († 782) princ. iur. crim. Gottg. 775. 781.

G. T. Fr. Meister († 832) princ. iur. crim. Gottg. 785. 802.

Ph. Mar. Renazzi elementa iur. crim. 773...786. IV. 4.

J. F. Klein Grds. des gem. peinl. Rechts. Halle 786. 799.

Ans. v. Feuerbach Lehrbuch des gem. peinl. R. Giessen 801. ed. XIV (von Mittermaier) 847.

---

17) Zuerst erschienen 1635, zulezt cum obss. J. S. Fri. Boehmeri, Fcf. 759 fol. Eine deutsche Bearbeitung des dritten Theils unter dem Titel: Peinlicher Inquisitions- und Achts-Prozess, erschien zuerst 1662 ohne Carpzov's Namen, dann 1673. 1693. 1725. 1733. 4°. Jugler Beiträge I, 286...89. 301. 2.

18) Jo. Brunnemann († 1672) tract. de inquisitionis processu. Ff. 647. Biener S. 174...77.

19) Jo. Sam. Stryk († 1715) Anleitung zu vorsichtiger Anstellung des Inquisitionsprocesses (Uebersezung eines lateinischen Gesezentwurfs seines Schwiegervaters Brunnemann, die auch im J. 1706 wirklich zum Gesez für Preussen erhoben wurde). vgl. Biener S. 174...176.

J. C. v. Quistorp († 1795) Grds. des d. peinl. Rechts. Rostok 770. 6te Ausg. v. Klein, Konopack und Ross, 810... 828. 4 Bde.

C. A. Tittmann Hdbuch des gem. deutsch. peinl. R. Leipz. 804. 822...24.

A. W. Hefft er Lehrb. des gem. deutsch. Crim. R. 833. 845. 4te Ausg. 1848.

II. Selbständige Werke über den Strafprocess:

Jac. Fr. Ludovici († 1721) Einleitg. in den peinlichen Prozess. Halle 707. ed. IV. 714. v. Schlitte 750. 770. 4. Biener S. 178...180.

Chr. Fr. G. Meister († 782) Abhdlg des peinl. Processes in Teutschland. Göttg. 758...64, in fünf dünnen Quartheften. Mit neuem Titel: Einleitg. in die peinl. RGelehrsamkeit 768...75. (2½ Thlr.) Dazu ein sechstes Heft von Eschenbach, Schwerin 796, über die Generalinquisition, aber noch lange nicht vollendet. (⅓ Thr.)

Ant. Bauer 1) Grunds. des Crim. Proc 805. — 2) Lehrbuch des Strafprocesses. 835. 2te Ausg., „glossirt, ergänzt und stylisirt" von Morstadt, Götting. 848. (2 Thlr.)

C. C. C. Stübel das Criminalverfahren 811. 5 Bde.

C. T. A. Mittermaier 1) Handbuch des peinl. Processes. Heidelb. 810. 811. 2 Bde. 2) Deutsches Strafverfahren in Vergleichung mit dem englischen und französischen. 827. 4te Ausg. 845. 2 Bde.

Chrph. Martin Lehrbuch des Crim. Proc. 812. 820. 831. 836.

Ed. Henke Darstellg. des gerichtl. Vf. in Strafsachen Zürich 817.

J. F. J. Abegg Lehrb. des gem. Crim. Proc. Königsb. 833.

Wilh. Müller Lehrb. des teutsch. gem. Cr. Pr., mit besonderer Berüksichtigung der teutschen Particularrechte bearbeitet. 837.

H. A. Zachariae Grundlinien des gem. deutsch. Crim. Pr. 837.

C. A. C. Klenze Lehrbuch des Strafverfahrens. 836 (1 Thlr.)

d. Zeitschriften. . . . . . . §. 10.

1. Das seit dem Jahr 1798 erscheinende (alte und neue) Archiv des Criminalrechts, die älteste aller jezt bestehenden juristischen Zeitschriften; im Ganzen bis 1834 7 und 14 Bände, seit 1834 20 Jahrgänge.
2. Jul. Ed. Hitzig Annalen der deutschen und ausländi-

schen Criminal-Rechtspflege, fortgesezt von W. L. Demme und Klunge 827...45. 30 Bde. Neue Folge, von Herm. Th. Schletter, in Jahrgängen seit 1846.

3. L. H. F. v. Jagemann († 1853) Fr. Nöllner und J. D. H. Temme Zeitschrift für deutsches Strafverfahren 840...48. 5 Bde.

4. Der Gerichtsaal, Zeitschrift für volksthüml. Recht [insbesondere f. öffentl. mündl. Verfahren in Criminal- und Civilsachen und Geschwornenverfassung], von Jagemann seit 1849, fortgesezt 1853 (ohne den eingeklammerten Zusaz) von v. Arnold, Hye und Schwarze. bisher 6 Jahrgänge von 12 Heften.

e. Vermischte Arbeiten. . . . §. 11.

1. F. A. Biener: a) Beiträge zur Geschichte des Inquisitionsprocesses 827. b) Abhandlungen aus dem Gebiete der Rechtsgeschichte. Heft I. II. 846. 48. c) Das englische Geschwornengericht 852. 2 Bde. In der Vorrede sind hier noch vier bedeutende zeitschriftliche Aufsäze desselben Verfassers aus den Jahren 1844. 847. 848. 849. nachgewiesen worden.
2. J. F. H. Abegg: a) historisch-practische Erörterungen aus dem Gebiete des strafrechtlichen Verfahrens. Th. I. 833 (1 Thlr.) b) Beiträge zur Straf-Prozess-Gesezgebung 841 (1¼ Thlr.)
3. K. G. v. Wächter Beiträge zur deutschen Geschichte, insbesondere zur Geschichte des deutschen Strafrechts. 845. (1⅔ Thlr.)
4. H. A. Zachariae die Gebrechen und die Reform des deutschen Strafverfahrens 846. (1⅔ Thlr.)
5. C. R. Köstlin der Wendepunct des deutschen Strafverfahrens im 19. Jahrhundert. 849. (2⅖ Thlr.)
6. Criminallexikon. Nach dem neuesten Stande der Gesezgebung in Deutschland bearbeitet von Jagemann,

fortgesezt von W. Brauer. 853 ff. bisher 5 Hefte, bis Mi. gehend.

f. Literatur der Hülfsfächer. . . §. 12.

a. Untersuchungskunst.

1. Lud. Pfister merkwürdige Criminalfälle, mit besonderer Rüksicht auf die Untersuchungsführung 812...26. 5 Bde. (10 Thlr.)
2. L. v. Jagemann Handbuch der Untersuchungskunde 838...41. 2 Bde. (6⅔ Thlr.)

b. Criminalsprachkunde.

1. F. L. A. v. Grolman Wörterbuch der in Deutschland üblichen Spizbubensprache. Giessen 822.
2. von Train Cochemer-Loschen-Wörterbuch der Gauner und Diebs-vulgo Jenischen-Sprache nach Criminalacten u. s. w. Meissen 833.

c. Criminalpolizei.

1. Fr. Eberhardt polizeyl. Nachrichten von Gaunern, Dieben und Landstreichern u. s. w. 832. 33. 2 Bde.

d. Gerichtliche Medicin.

1. Henke Lehrbuch der gerichtl. Medizin. 812. ed. IX. 837.
2. Mende ausführliches Handbuch der gerichtlichen Medizin. Leipzig 819...29. 6 Bde.
3. Carl Bergmann Lehrbuch der med. for. für Juristen 846. (2½ Thlr.)
4. L. Krahmer Handbuch u. s. w. 852. (2½ Thlr.)
5. J. H. Schürmayer Lehrbuch u. s. w. 853. (2¼ Thlr.)
6. F. W. Böcker Memoranda der gerichtl. Med. mit besonderer Berüksichtigung der deutschen preuss. und rhein. Gesezgebung. 853. 54.

e. Gefängniskunde.

1. N. H. Julius Vorlesungen über die Gefängniskunde. 828. (3½ Thlr.)
2. Derselbe die amerikanischen Besserungs-Systeme. 837. (6 Thlr.)
3. Julius und Nöllner Jahrbücher der Gefängniskunde Fkft. 842...48. 11 Bde. (22 Thlr.)

4. J. L. Tellkampf über die Besserungs-Gefängnisse in Nordamerika. 844. (2 Thlr.)

f. Verteidigungskunst.

1. Jo. Dau. Thönniker aduocatus prudens in foro criminali. Francof. 703. 4.
2. Mittermaier Anleitung zur Verteidigungskunst im deutschen Strafprocesse und in dem auf Mündlichkeit und Oeffentlichkeit gebauten Strafverfahren. 814. ed. IV. 845. ($1^5/_6$ Thlr.)

g. Criminalstatistik.

Die ersten Anregungen zu dieser Disciplin waren von Rossi in Genf ausgegangen; auch ist in England, Frankreich und Belgien im Ganzen mehr als in Deutschland dafür geleistet worden.

1. K. S. Zachariae über die Statistik der Strafgerechtigkeitspflege. Aus den Heidelb. Jahrb. der Literatur. 828. ($^1/_3$ Thlr.)
2. Quetelet sur la statistique morale et les principes qui doiverit en former la base. Bruxelles 848.

Zweiter Abschnit: die deutschen Particularrechte.

I. Uebersicht. . . . . §. 13.

Nachdem schon 1507 und 1516 die beiden Vorgängerinnen der Carolina, die bambergische und die brandenburgische Halsgerichtsordnung, erschienen, aber auch gleich darauf durch das Reichsgesez Carl's V. vom J. 1532 entbehrlich gemacht waren, ward erst im J. 1707 die Landesgesezgebung im Strafprocesse wieder angeregt, ohne sich vor dem Ende des Jahrhunderts zu einer ausgebreiteten Thätigkeit zu erheben. Die österreichischen Verordnungen von 1707 und 1750, die preussischen von 1717 und 1740, die hannoversche von 1736, die bairische von 1751 und eine frankfurtische von 1788 bilden die hervorragendsten Erscheinungen des 18ten Jahrhunderts auf diesem Gebiete. Erst im 19ten Jahrhunderte, als nach dem allgemeinen Wegfall der Folter das Unzulängliche des bisherigen, auf diese gebaueten Verfahrens klarer erkant ward, folgten in Verbindung mit neuen materiellen Strafgesezen, auch die s. g. Criminalordnungen in gröfserer Anzahl, ohne jedoch den Grundcharacter des bisherigen, ganz auf Schriftlichkeit und auf Selbstbestimmung des Richters berechneten Strafverfahrens wesentlich zu ändern. In diesem Sinne lautete zuerst die österreichische Strafprocessordnung vom J. 1803, zulezt noch die württembergische von 1813.

Die lezte Periode unserer Landesgesezgebungen begann im J. 1845 mit der badischen Strafprocessordnung, welche das mündliche öffentliche Anklageverfahren zur wesentlichen Basis des Strafurteils erhob. In diesem Puncte haben sich ihr die zahlreichen Criminalordnungen seit 1848 sämtlich angeschlossen, während das später eingeführte Institut der Schwurgerichte in Oesterreich und Sachsen nur vorübergehend bestanden hat.

Eine Gesamtausgabe der meisten deutschen Criminalordnungen von 1845 bis zum 14. Mai 1852, so wie des französischen und belgischen Code d'instruction criminelle, hat Prof. Häberlin zu Greifswald im J. 1852 veranstaltet.

II. Die einzelen Staaten. . . §. 14.

A. Anhalt-Bernburg s. Preussen (3. Januar 1849).
Anhalt Dessau-Köthen s. Thüringen.

B. Baden.

1. Strafedict von 1803, mit Erläuterungen von 1812.
2. Neues Strafgesez, Gerichtsverfassung und Strafprocessordnung vom 6. März 1845.

Die Einführung der lezteren blieb verschoben bis zu der erfolgten Herstellung der nötigen Gerichtsgebäude und Gefängnisse.

Amtlicher Abdruk 1846. — Mit den Motiven und den Resultaten der Ständeverhandlungen herausgegeben von W. Thilo: die Strafgesezgebung des Grosherzogth. Baden 845. 46. 2 Bde. — Häberlin S. 353...421. vgl. Brauer und Jagemann Beiträge zur Erläuterung der neuen Strafgesezgebung in Baden. Bd. I. 846. 47. (1½ Thlr.)

3. Einführungs- und Schwurgerichtsgesez vom 5. Februar 1851. Häberlin S. 422...446.

C. Bayern.

1. Codex maximilianeus bauaricus vom J. 1751.

Abgedrukt mit Anmerkungen von Kreittmayer: Nouus codex iuris bauarici criminalis. Monach. 758. 788. fol. et. 8°. Die Annotationen sind erschienen 751. 756. 758. 765. fol. und 8°. Th. II. betrift den Process; Cap. 8 die Tortur, doch schon mit vielen Einschränkungen.

2. Strafgesez nebst Criminal-Ordnung vom J. 1813, wieder aufgelegt 1820. Der zweite Theil enthält den Strafprocess.

Ein neuer Entwurf vom J. 1831, mehr dem französischen Prozessrechte nachgebildet, ist nicht zur Geltung gelangt; dagegen scheinen im J. 1832 an dem Strafgesez von 1813 einige bedeutendere Aenderungen vorgenommen worden zu sein.

3. Gesez vom 10. Nov. 1848, die Abänderung des zweiten Theils des Strafgesezbuchs von 1832 betreffend; gültig seit dem 1. Januar 1849.

Ed. Rottmann das bayerische Strafverfahren unter Beibehaltung der Gesezartikel und Verordnungen. Erlangen 849. (20 Sgr.) Zweite vermehrte Ausgabe. 852. (25 Sgr.) Derselbe Verf. hat ugleich das materielle Strafrecht, als ersten Theil des Strafgesezbuches, in zwei Ausgaben behandelt. (ed. II. 852. 15 Sgr.) Häberlin S. 233...278. — Petersen (OAGR. zu München) Grundzüge der neuen bayerischen Strafgesezgebung, in Vergleichung mit den französischen Einrichtungen, in Jagemann's Gerichtsaal 1849, Juni bis August.

Ueber ein neues vollständiges Strafrecht und Strafprocessrecht beriethen die Kammern 1852.

D. Braunschweig.

Gerichtsverfassung vom 21. August, und Strafprocessordnung vom 22. August 1849, eingeführt den 1. Juli 1850.

Eigentümlich ist hier das Erfordernis der Einstimmigkeit der Geschwornenbeschlüsse. Wird sie nicht erreicht, so soll die Sache an die nächste Schwurgerichtssizung verwiesen werden.

Degener die gröfseren Justizorganisationsgeseze für das Herzogthum Braunschweig. 2 Bde. — Häberlin S. 719...750.
Sammlung der von dem Cassationshofe des Herzogthums Braunschweig entschiedenen Strafrechtsfälle. Bd. I. 853. (5/6 Thlr.)
Ueber das ältere Verfahren s. Zachariae Grundlinien S. 9. 10.

E. Freie Städte.

1. Gerichtsordnung für das Oberappellationsgericht von 1831 §. 188...190.
2. Gerichtsordnung für Bremen von 1820, Abschnit 5.
3. Frankfurter Verordnung und Unterricht für das peinliche Verhöramt vom 4. Dec. 1788, in Beyerbach's Samlung Th. IX S. 1647...1669.

   Grosherzogliche Strafprocessordnung des Fürsten Primas, als zweiter Theil der Processordnung vom 7. Octob 1812, im Regierungsblatt T. II S. 433a...454a, wieder aufgehoben durch die Constitutions-Ergänzungsacte vom 19. Juli 1816, und interimistisch ersezt durch Verordnungen vom 30. Decbr. 1819, und 5. März 1822.

4. Zollstrafgesez für Frankfurt vom 8. Mai 1838, nach den Verträgen unter sämtlichen Zollvereins-Staaten.

F. Hannover.

1. Der Strafprocess bis zum J. 1849.

   Criminalinstruction vom 30. April 1736, in den churbraunschw. Landesverordnungen 1740. Th. II S. 796 ff.

   Spätere Einzelverordnungen von 1813 an, sind zusammengedrukt in Chr. Herm. Ebhardt's Gesezen, Verordnungen und Ausschreiben für das Königreich Hannover, Bd. II Abth. I S. 767...842.

Es. Pufendorf introd. in proc. crim. Luneburgicum ed. III. 768. 4.
G. H. Oesterley Handbuch des bürgerl. und peinl. Processes für das Königreich Hannover. Th. III. 820.
v. Bothmer Zeitschrift für Criminalrecht und Criminalprocess des Königreichs Hannover. 847 ff.

2. Zwei Geseze vom 24. December 1849: a) über die Bildung der Schwurgerichte, b) provisorisches Gesez

über das mündlich öffentliche Verfahren mit Geschworenen.

Ausgabe von Ebhardt 850. Erläutert von Zachariae 1850.

3. Strafprocessordnung vom 8. November 1850.
Häberlin S. 279...352.

4. Gesez über die Gerichtsverfassung vom 8. November 1850.

G. Hessen-Cassel.

1. Gesez vom 31. Oct. 1848 über die Einrichtung der Gerichte und der Staatsbehörde bei den Gerichten.
Häberlin S. 449...461.

2. Gesez v. 31. Oct. 1848, die Umbildung des Strafverfahrens betreffend.
Häberlin S. 462...511.

3. Provisorisches Gesez v. 22. Juli 1851, abändernde Bestimmungen über Organisation der Rechtspflege und das Verfahren enthaltend.
Häberlin S. 512...522.

H. Hessen-Darmstadt.

1. Gesez v. 28. Oct. 1848, über mündliches und öffentl. Strafverfahren mit Schwurgericht.
Auch in Nassau eingeführt am 14. April. 1849.

2. Abänderungen des vorigen Ges. v. 22. März 1852.
3. Gesez v. 31. Dec. 1848, über das Verfahren in Assisensachen in Rheinhessen.
4. Abänderungen des vorigen Ges. v. 22. April 1852.

Häberlin S. 637...714.

J. Glaubrech und Dernburg Archiv f. d. Strafrecht und öffentl. Gerichtsverf. im Grosh. Hessen. 850.

I. Holstein-Schleswig.

N. Falck Handbuch des Schlesw. Holst. Privatrechts Bd. III. 838 §. 189.

J. C. Esmarch practische Darstellung des Strafverf. im Herzogth. Schleswig. 840.

C. v. Schirach über die von den holst. Ständen beantragte Reform des Strafverf. 843.

K. Meklenburg-Schwerin.

1. Criminalgerichtsordnung für das Crim.-Collegium zu Bützow v. 13. Jan. 1817 (unvollständig).
2. Verordnung über den Indicienbeweis v. 12. Jan. 1841.
3. Entwurf einer Strafprocessordnung v. 24. Sept. 1853, nebst Motiven.

F. Kämmerer Entwurf zu einem Handbuch des Meklenb. Criminalverfahrens. 821.

Fr. L. Fra. Richtern Handbuch des M. Criminalprocesses. 830.

C. L. F. Pohle Versuch einer Darstellung des M. Schw. Criminalprocesses. 845...49.

L. Nassau.

1. Gesez, die Einführung des mündlichen und öffentlichen Verfahrens mit Schwurgerichten betr. v. 14. April 1849.

Meist wörtlich übereinstimmend mit dem grosherz. hessischen Geseze v. 28. Oct. 1848. — Häberlin S. 637...705.

2. Gesez v. 14. April 1849, die Competenz der Gerichte zur Untersuchung und Bestrafung von Verbrechen und Vergehen betreffend.

Häberlin S. 715...718.

An demselben Tage ward auch das materielle Strafgesez erlassen.

3. Gesez v. 6. Oct. 1849 über Forst-Jagd- und Fischereivergehen.

M. Oesterreich.

1—3. Auf die constitutio criminalis Josephina von 1707, für Böhmen, Mähren und Schlesien, folgte eine mit Folterbildern ausgestattete Theresiana von 1769, auf diese eine zweite Josephina von 1789, die sich einem materiellen Strafgeseze von 1787 anschloss.

4. **Gesezbuch über Verbrechen und schwere Polizey-Uebertretungen** vom J. 1803, neu aufgelegt 1815; enthält auch den Strafprocess.

Seb. Jenull österr. Criminalrecht 803...13. 820. 4 Bde. — vgl. Mittermaier Strafverfahren ed. IV. §. 18.

5. **Provisorische Strafprocessordnung** nebst Einführungspatent v. 17. Jan. 1850.

Diese Verordnung hob alle älteren Geseze über das Strafverf. auf, ist aber selber am 11. Jan. 1852 und 29. Juli 1853 wieder aufgehoben worden. Sie unterschied zuerst zwischen Verbrechen, Vergehen und Uebertretungen.

Häberlin S. 91...179. — Jos. v. Würth in Jagemann's Gerichtsaal 1850. Sept. Oct. — Ed. Liszt daselbst 1851. April. — Jul. Glaser das englisch-schottische Strafverf. zur Vergleichung mit der österreich. Legislation. 850. (1 Thlr.)

6. Kaiserl. Verordnung v. 11. Jan. 1852, **Aufhebung der Geschwornengerichte** betreffend. Häberlin S. 179...182.

7. Neueste **Strafprocessordnung** v. 29. Juli 1853.

Vgl. Schwarze im Archiv des Crim. R. 1853. St. 4. S. 363...381. — Arnold, im Gerichtsaal 1854. S. 77 ff. 204 ff.

N. Oldenburg.

Das Strafprocessrecht von 1814 gehört zu dem von Bayern entlehnten Strafgesezbuche des J. 1813. Dazu Erläuterungsnovelle v. 11. Oct. 1821. Vgl. Neues Archiv des Crim. R. IV, 271.

O. Preussen, mit Ausnahme der Rheinprovinz.

Abegg *Geschichte des Strafrechts der Brandenb. Pr. Lande*, in Hitzig's Zeitschrift, Supplementbd I. 835. und: die Pr. Strafgesezgebung und die Rechtsliteratur in ihrer gegenseitigen Beziehung, in Goltdammer's Archiv Bd. I S. 494...530. II S. 44...66 ff.

I. **Preussischer Strafprocess vor d. Jahr 1804.**

1. Anweisungen in den **preussischen Landrechten** von 1620 und 1685, meist aus Damhouder entnommen.

S. oben S. 9. Biener Beiträge S. 164. 165.

2. Edict für Pommern vom J. 1706, nach dem schon 1697 gedrukten Project von Brunnemann, s. oben S. 10.

3. Criminalordnung für die Kurmark von 1717, auf die anderen Provinzen ausgedehnt 1719, und grösteuteils in das verbesserte preussische Landrecht v. 1721 übertragen; meist nach den Grundsäzen des Edicts von 1706.

vgl. Biener S. 183. 84.

4. Verordnung Friedrich's II. vom 3. Jan. 1740, über Aufhebung der Tortur, ergänzt im J. 1754.

Abgedrukt in Behmer's nouum ius controuersum Catharinae II. dicatum. 1771. 4° II, 478. obs. 74.

II. Von 1804 bis 1846.

Den Anfang dieser zweiten Periode bildete die Errichtung der s. g. Inquisitoriate, welche, anfangs nur zur freiwilligen Annahme empfohlen, erst allmählig allgemein geworden sind. Das wichtigste Ereignis aber war das Erscheinen der Criminalordnung von 1805; das lezte bestand in dem Strafgesezbuch für das preussische Heer vom J. 1845.

1. Generalplan vom 16. Sept. 1804, über Errichtung der Inquisitoriate, nebst Publicandum v. 14. Jan. 1805.

Klein Annalen der Gesezkunde XXIII. S. 213. — Mathis jurist. Monatschrift I, 155.

2. Criminalordnung vom 11. Dec. 1805; teilweise wieder aufgehoben durch Gesez v. 3. Mai 1852.

Ueber die Geschichte ihrer Abfassung: Kircheisen in Mathis Monatschrift IV, 232...36.

Die Literatur dieses Gesezes ist überaus reichhaltig. Hauptwerke sind: Chr. L. Paalzow's Commentar. 807. 2 Bde. — J. F. Neigebaur Samlung der Geseze, welche die pr. Cr. O. ergänzen oder abändern. 824. — Ausgabe mit den bis 1834 erschienenen Gesezen von C. Paul. 836. 2 Bde. — Ergänzungen und Erläuterungen durch Gesezgebung und Wissenschaft, von Gräff, Koch, v. Rönne, Simon, Wentzel 838. ed. III. 847. vgl. Mittermaier Strafverfahren I. S. 114 ed. IV.

3. Gesez für Neuvorpommern, v. 18. Mai 1839.
4. Entwurf einer revidirten Strafprocessordnung vom J. 1841.

Veranlasst durch den Justizminister v. Kamptz, aber ohne weitere Erfolge. — s. Temme in der Zeitschrift für deutsches Strafverfahren Bd. I. 844. S. 307 ff.

5. Gesez über das Schlussverhör in summarischen Untersuchungen, v. 5. Aug. 1844.
6. Strafgesez und Strafprocessordnung für das preussische Heer, vom 3. April 1845.

Ed. Fleck Kommentar über das Strafgesezbuch f. d. Pr. Heere Th. I. 853. Th. II. (Strafgerichtsordnung) 854.

Systematische und periodische Bearbeitungen aus dieser Periode sind:

O. W. L. Richter Handbuch des Strafverfahrens in den Pr. Staaten, Königsb. 830. 31. 4 Bde. (12 Thlr.) Ein durch viele Plagiate zu einem Scheinsystem erweiterter Text.

A. Alker Handbuch des Pr. Criminalprocessverfahrens. 842. 2 Bde (2½ Thlr.)

Jul. Ed. Hitzig Zeitschrift für die Criminalrechtspflege in den Pr. Staaten mit Ausschluss der Rheinprovinz. 826...836. 28 Bde; nicht zu verwechseln mit dessen Annalen, oben S. 11. 12.

III. Von 1846 bis 1854.

1. Gesez vom 17. Juli 1846, über das Verfahren in den bei dem Kammergericht und dem Criminalgericht zu Berlin zu führenden Untersuchungen. Ausgedehnt auf andere Criminalgerichte durch Gesez vom 7. April 1847, wieder aufgehoben durch Verordnung vom 3. Jan. 1849, §. 183.

In diesem sehr wichtigen Geseze war der erste Anfang mit Einführung der Staatsanwaltschaft und mit Durchführung des Oeffentlichkeits- und des Anklageprincips gemacht worden. Dasselbe ward vorbereitet durch eine ministerielle, nicht im Buchhandel erschienene Denkschrift: „die Principienfragen in Beziehung auf eine neue Strafprocessordnung". Berlin 846. vgl. Abegg im N. Archiv des Cr. R. 847. S. 8. 108...135. 155...187. — Fr. Nessel das Pr. Strafprocessgesez v. 17. Juli 1846 und dessen Zukunft. 848.

2. Gesez v. 11. Aug. 1848, betr. die Aufhebung des eximirten Gerichtstandes in Criminal- und fiskalischen Untersuchungssachen und in Injurienprocessen.

3. Verordnung vom 2. Jan. 1849 über die Aufhebung der Privatgerichtbarkeit und des eximirten Gerichtstandes, so wie über die anderweitige Organisation der Gerichte.

Bestätigt und ergänzt durch Geseze vom 22. und 26. April 851. Häberlin S. 185...194. — Erläutert von Schering 849.

4. Verordnung vom 3. Jan. 1849, über die Einführung des mündlichen und öffentlichen Verfahrens mit Geschworenen in Untersuchungssachen.

Häberlin S. 194...229.

Ergänzungen und Modificationen dieser wichtigen Verordnung enthalten:

a. Die Instruction für die Polizei-Anwälte, zuerst vom 23. April 1849, dann vom 24. Nov. 1852 (Justizministerialblatt 853. S. 10...24.)

b. Verordnung v. 29. Juni 1849 gegen den Misbrauch des Versammlungs- und Vereinigungsrechts, §. 20.

c. Verordnung v. 30. Juni 1849 über die Verbreitung von Drukschriften, §. 32..40.

d. Ganz besonders das Gesez v. 3. Mai 1852, s. unten Num. 12.

Bearbeitungen der Verordnung v. 3. Januar:

Abegg Betrachtungen u. s. w. Beilageheft zum Archiv des Crim. R. 1849.

Jo. Ca. Hagens das neue Pr. Strafverfahren. 849.

Fra. Th. Leop. Schueck die Pr. Strafprocess- und Polizeigerichtsordnung u. s. w. 849.

C. F. Wegener das Verf. in polizeigerichtl. Untersuchungen nach der Verordnung v. 3. Jan. u. s. w. 850.

G. L. Hartmann die Verordnung v. 3. Jan. 1849 und das Gesez v. 3. Mai 1852 zusammengestellt. 852.

Diese Verordnung vom 3. Jan. ist mit geringen Modificationen am 28. März in Anhalt-Bernburg, und am 14. Juni 1850 im Fürstenthum Waldeck publicirt worden. Die Aenderungen giebt Häberlin S. 194...229.

5. **Verfassung vom 31. Jan. 1850, art. 33. 37. 86...97.**

Die art. 94. 95. sind aufgehoben durch Geseze vom 21. Mai 1852, und 6. März 1854.

6. **Geseze vom 12. Febr. 1850 zum Schuz der persönlichen Freiheit, und über die Stellung unter Polizeiaufsicht.**

7. **Gesez über die Polizeiverwaltung v. 11. März 1850.**

8. **Strafgesezbuch, nebst Gesez über die Einführung desselben, vom 14. April 1851.**

Das Einführungsgesez bei Häberlin S. 230...32.

Das Ganze erläutert von G. Beseler 851, ergänzt von A. Wentzel 851.

Ergänzung des Einführungsgesezes v. 22. Mai 1852.

9. **Gesez v. 30. April 1851 über die Gerichtsorganisation und das Verfahren mit Geschworenen in Hohenzollern.**

10. **Gesez v. 7. Mai 1851, betr. die Dienstvergehen und die unfreiwillige Versezung der Richter.**

11. **Gesez v. 4. Juni 1851 über den Belagerungzustand.**

12. **Gesez v. 3. Mai 1852, betreffend die Zusäze zu der Verordnung v. 3. Jan. 1849.**

Häberlin S. 232a...232z. — vgl. Vollständige Materialien zu der Verordnung v. 3. Jan. und dem Gesez v. 3. Mai: Motive, Kommissionsberichte und Kammerverhandlungen. 852 (1½ Thlr.) Hartmann, s. oben zu Num. 4.

Statt dieser Zusäze war schon am 15. März 1851 ein officieller Entwurf eines vollständigen Strafprocessgesezes und eines Gesezes über die Bildung der Geschwornengerichte für die ganze

Monarchie erschienen, der aber nicht an die Kammern gelangt ist.

13. Gesez vom 14. Mai 1852 über die vorläufige Straffestsetzung wegen Uebertretungen. Häberlin S. 232aa.

14. 15. Geseze v. 21. 22. Mai 1852. s. Num. 5. 8.

16. Instruction für die Polizei-Anwälte, v. 21. Nov. 1852, s. Num. 4, a.

17. Gesez v. 25. April 1853, betreffend die Competenz des Kammergerichts zur Untersuchung und Entscheidung bei Staatsverbrechen, und das dabei zu beobachtende Verfahren.

18. Gesez vom 6. März 1854, betr. die Aufhebung der Competenz der Schwurgerichte bei politischen und Pressvergehen. s. zu Num. 5.

Bearbeitungen des preussischen Strafprocesses sind im J. 1852 erschienen von H. Korb, C. F. Müller, A. Frantz, E. J. Amecke. Dazu:

P. Schneider das polizeigerichtliche Verfahren. 853.

A. Scholtz das summarische Untersuchungsverfahren in Zoll- und Steuer-Processen. 854.

Goltdammer (Obertribunalrath) Archiv für Preussisches Strafrecht. Bd. I. II. 853 ff.

P. Königreich Sachsen.

Nach der ausgedehnten richterlichen und schriftstellerischen Thätigkeit Carpzov's (S. 10) trat für Kursachsen im 18. Jahrhundert ein Stillstand in der Entwickelung des Strafprocesses ein, der nur durch einzelne unerhebliche Geseze unterbrochen wurde. Die gröſsere Fruchtbarkeit des 19. Jahrhunderts ist erst der Wiederbelebung der gemeinrechtlichen Strafprocesstheorien gefolgt.

Pfotenhauer Handbuch der von 1770 an in Sachsen erschienenen Criminalgeseze. Thl I. 811.

Winkler Handbuch des sächs. peinl. Proc. 802.

Volkmann Lehrb. des sächs. Crim. Rechts Bd. II. 832.
v. Watzdorf, Siebdrat u. A. Jahrbüch. für sächs. Strafrecht. 837...48.

Geseze v. 30. Juni 1832, 28. Jan. 1835 und besonders vom 30. März 1838, s. Schaffrath's codex Saxonicus II, 471. 434. 1099 ff. — Neue umfassende Gesezentwürfe von 1827 und 1836 blieben ohne Folgen.

Durch das Gesez vom 18. Nov. 1848, über die provisorische Einrichtung des Strafverfahrens, war das Geschwornengericht zu einer temporären Geltung in Sachsen gelangt.

Dagegen ist im J. 1853 ein neuer Entwurf einer vollständigen Strafprocessordnung mit Motiven erschienen, welcher diese Verordnung von 1848 ganz ignorirt, und sich in der Beweislehre an das Gesez vom 30. März 1838 anschliest, worin bereits das Princip der freien richterlichen Ueberzeugung anerkant war. Uebrigens ist derselbe, unter Festhaltung des Untersuchungsprincips, auf Staatsanwaltschaft und mündliches Verfahren berechnet.

Q. Thüringen, (sächsische und anhaltische Herzogthümer, schwarzburgische und reussische Fürstenthümer.)

1. Die Gothaische Processordnung von 1776 enthält im dritten Theil oft wörtlich die Bestimmungen der hannoverschen Criminalinstruction 1736 (oben S. 17).
2. Weimar'sche Crim. Ordnung v. 5. Oct. 1810.
3. Anhaltische Landesordnung vom J. 1666. Tit. 19...21. Mit Zusäzen für Dessau vom J. 1822.
4. Mit Ausnahme von Sachsen-Altenburg, welches sich auch im Strafprocesse dem Vorgange des Königreichs Sachsen in einem besonderen Entwurfe angenähert hat, und von Anhalt-Bernburg, (oben S. 24), haben die meisten thüringischen Staaten seit Ende des J. 1848 in Jena über ein gemeinsames Straf- und Strafprocessrecht un-

terhandelt. Beide Gesezbücher sind im J. 1850 zu Stande gekommen, aber nicht überall gleichmäfsig angenommen worden; die Strafprocessordnung ist überdies schon zum Gegenstande abermaliger Abänderungsentwürfe gemacht worden, welche der Weimar'sche Landtag 1853 bereits angenommen hat.

v. Bertrab in Jagemann's Gerichtsaal 1852. Febr. S. 152...177.
Reinh. Schmidt Wochenblatt f. Strafrechtspflege in Thüringen 852.
C. F. Müller Betrachtungen über den Gesezentwurf zur Abänderung der thüring. Strafprocessordnung von 1850. Jena 853.

Ein besonderer Vorzug dieser thüringischen Processordnung ist das Vorrecht der Geschwornen, sich nach Englischem Vorbild auf ein blofses Specialverdict beschränken zu dürfen.

R. Waldeck. s. Preussen, oben S. 24.

Häberlin S. 183 ff.

S. Württemberg.

1. Aelteres Recht.

C. W. L. Hofacker systemat. Uebersicht des gemeinen und würtemb. Strafprocesses. 820. ($^7/_8$ Thlr.)

G. Hohbach Beiträge z. Strafrecht und Strafverfahren, mit bes. Rüksicht auf W. 837. ($1^1/_2$ Thlr.)

2. Gesez über die Competenz der Gerichte in Strafsachen vom 1. März 1839, gleichzeitig mit dem materiellen Strafgesez von 1839.

3. Strafprocessordnung vom 22. Juni 1843, vorläufig auf sechs Jahre eingeführt; dann mit Ausnahme der art. 262...283. definitiv bestätigt durch Gesez v. 1. April 1852.

Häberlin S. 525...599. Mit erläuternden Anmerkungen von H. Knapp 843. vgl. oben S. 15. — Zu strenge beurteilt von Hepp in der Ztschrift f. deutsches Strafverf. N. F. III. No. 3. 7.

4. Gesez über das Verfahren in Strafsachen, welche vor die Schwurgerichtshöfe gehören, vom 14. August 1849. Häberlin S. 600...686.

Dritter Abschnit: französisch-rheinisches Recht.

I. Der französische Strafprocess. . . §. 15.

Biener Beiträge zur Gesch. des Inquisitionsproc. S. 192...216.
Mittermaier deutsches Strafverfahren Bd. I. §. 20 ed. IV.
A. v. Daniels Grundsäze des rheinischen und französischen Strafverfahrens. 849. S. 2–12.

1. Der ältere französische Strafprocess beruhete auf einer Mischung des römisch-kanonischen Rechts mit dem einheimischen droit coutumier; der Einfluss der italienischen Criminalisten (§. 6) ist wenig bemerkbar. Im August 1670 erging eine umfassende ordonnance criminelle von Ludwig XIV[20], ergänzt durch eine Ordonnanz Ludwig's XV. im Juli 1737, aber ganz unzureichend gegen die schreienden Misbränche des achtzehnten Jahrhunderts.

2. Schon am 8. und 9. October 1789 begannen die Einwirkungen der französischen Revolution durch Aufhebung der Folter, und der s. g. question préparatoire, so wie durch Einführung eines öffentlichen Schlussverfahrens. Ihnen folgte ein Decret vom 22. Nov. 1789.

Am 30. April 1790 ward das Institut der Geschworenen nach englischem Muster, am 16. bis 25. Februar die Sonderung der Strafjustiz von der bürgerlichen Rechtspflege verordnet.

Hierauf folgte am 22. Juli 1791 ein Gesez über die Polizeigerichtbarkeit, am 29. Sept. 1792 ein anderes über das Verfahren mit doppelter (Anklage und Urtels)Jury; endlich am 25. Oct. 1795 der Code des délits et des pei-

---

20) Jourdan, Decrusy et Isambert recueil général des anciennes lois françaises 822...33. T. XVIII. p. 371 ff.

nes vom 3. Brumaire an IV, die erste umfassende Straf- und Strafprocessordnung aus der Zeit der Revolution.

Ausführlich dargestellt von Klein im Archiv des Criminalrechts Bd. I. 1799. St. 4. S. 43...110.

3. Eine Revision dieser Criminalordnung ward schon in der Verfassung vom 13. Dec. 1799 angeregt, und von 1801 bis 1804 ernstlich berathen. Inzwischen ward aber das Institut der Geschworenen von verschiedenen Seiten, namentlich vom Cassationshofe angefochten, und diese Frage brachte das ganze Revisionsgeschäft, vom 20. Dec. 1804 an, in Stillstand. Erst am 23. Jan. 1808 ward es wieder aufgenommen, und nunmehr, nach Beseitigung der Anklagejury, der neue Code d'instruction criminelle im November und December 1808 publicirt[21]. Zur Anwendung desselben kam es jedoch erst 1811, nach dem Hinzutreten des materiellen Code pénal vom März 1810, und des Gerichtsverfassungsgesezes vom 20. April 1810.

4. Sehr wesentliche Aenderungen hat dieser Code d'instruction criminelle seit der Julirevolution von 1830 erfahren. Schon die neue constitutionelle Charte verlangte sie, indem sie scheinbar alle exceptionellen Gerichte verbot[22], obwohl sie selber sich die Wiedereinführung eines solchen Strafgerichts erlaubte[23]. Damit fie-

---

21) Locré legislation civile, commerciale et criminelle de la France (827...832. 22 Bde) Vol. 25...28. — Daniels S. 30...37.

22) Charte constitutionelle art. 53: „nul ne pourra être distrait de ses juges naturels" (ähnlich dem art. 63 der Charte von 1814). art. 54: „Il ne pourra, en conséquence, être creé de commissions et de tribunaux extraordinaires, à quelque titre et sous quelque dénomination que ce puisse être". Fast wörtlich gleichlautend ist die belgische Charte von 1831.

23) Art. 28: La chambre des pairs connait des crimes de haute trahison et des attentats à la sureté de l'état, qui seront définis par la loi.

len die berüchtigten Specialgerichte und Prevotalhöfe der Criminalordnung (Liv. II. tit. 6) hinweg, während man die Selbständigkeit der Geschwornengerichte zu erweitern bedacht war.

Die Hauptveränderungen dieser späteren Zeit sind zusammengefasst in den Gesezen vom 4. März 1831 und besonders vom 28. April 1832, denen noch eine Ordonnanz vom 9. Sept. 1835 über die Assisengerichte folgte. Daher ist seit 1832 sogar der Text des französischen Code d'instruction criminelle, so wie der des Code pénal wesentlich geändert worden [24].

Die lezten Abänderungen, seit dem J. 1848, betreffen hauptsächlich die Bildung der Geschwornengerichte, und die Art ihrer Abstimmung; den Anfang dieser mehrfachen Experimente machten die Geseze vom 7. August und 18. October 1848 [25].

5. Bearbeitungen des neueren französischen Criminalprocesses [26].

Bourguignon's Commentar, deutsch von Zum Bach, Cöln 811. 812. 2 Bde. — Dessen jurisprudence des codes criminels. Paris 825. 3 Bde.

Carnot de l'instruction criminelle. Paris 812. 817. 3 Bde. 4°. Vierte Ausg. 829...835. 4 Bde. 4°.

---

24) Unter den zahlreichen Abdrücken kan namentlich eine kleine Taschenausgabe von Teulet und Loiseau vom J. 1846 für die bis dahin eingetretenen Modificationen benuzt werden. Häberlin's Ausgabe S. 3...88 ist hierin sehr unvollständig; übrigens enthält sie auch die in Belgien eingetretenen Aenderungen.

25) Vgl. Daniels S. 162 ff.

26) Die allgemeineren Werke über das französische Recht, namentlich die Samlungen der s. g. jurisprudence des arrêts, sind hier als bekant vorauszusezen. Vgl. Zachariae v. Lingenthal Handbuch des französ. Civilrechts, fünfte Ausg. von Anschütz Bd. I. 853. §. 51. Daniels S. 11.

Legraverend traité de la législation criminelle en France. 816. 823. 4°. ed. III. par Duvergier, Paris und Brüssel 839. 2 Bde. — vgl. Legraverend des lacunes et des besoins de la législation française 824. 2 Bde.

Kürzere Werke von Rauter Rogron, Bonnin, Boitard, u. a. vgl. Anschütz a. a. O. S. 51. 52. Mittermaier Strafverf. S. 132.

Die vollständigste Bearbeitung auf historischer Grundlage ist:

Faustin-Hélie traité de l'instruction criminelle, ou théorie du Code d'instr. crim. 845 ff. Bis 1854 5 Bände, zu denen noch zwei hinzukommen sollen.

II. Der rheinpreussische Strafprocess. §. 16.

Die Modificationen, welche sich an die Wiedervereinigung der Rheinprovinz mit Deutschland knüpfen, begannen mit einer Verfügung des Generalgouvernements vom 14. Oct. 1814, Abschnit 7; die ferner ergangenen sind folgende:

Verfügung der Immediatjustizcommission vom 22. Dec. 1817, und Declaration derselben vom 15. März 1818.

Königl. Verordnung v. 31. Dec. 1833, wegen Abänderung des Art. 351 der Rh. Crim. Ordnung.

Cabinetsordre v. 13. Febr. 1834 betr. die Strafprocesskosten.

Gesez vom 25. April 1835 über die Competenz der Dienstbehörden zur Untersuchung der von Staatsbeamten verübten Ehrenkränkungen.

Verordnungen v. 6. April 1848 §. 2, und vom 15. April 1848, wodurch eine Anzahl früherer abändernder Verfügungen[27] wieder aufgehoben wurde; bei Daniels S. 271...74.

---

27) Namentlich v. 6. März, 7. Mai, 14. Oct. 1821, vom 31. Januar 1822, 14. April. 1830, 25. März, 6. April, 2. August 1834, 25. April, 17. August, 25. Oct. 1835., 4. Jan., 31. Dec. 1836., 25. Febr., 24. Aug., 1837., 9. Juli 1841., 18. Febr. 1842., 6. April 1846.

Einführungsgesez zum preussischen Strafgesezbuch vom 14. April 1851, besonders art. XII.

Gesez vom 4. Mai 1853, betr. das Verfahren wegen einfachen Diebstahls und einfacher Hehlerei im wiederholten Rükfalle im Bezirk des Appell. Hofes zu Cöln.

Lottner Samlung der für die Rheinprovinz seit 1813 hinsichtlich der Rechts- und Gerichtsverfassung ergangenen Geseze, Verordnungen, Ministerialrescripte u. s. w. 4 Bde. Berlin 834. 35. Bd. 5. 6. von Leitner 838. Bd. 7. 8. von Marquardt 842. 47.

Bearbeitungen des rheinpreussischen Strafprocesses:

Gutachten der Immediat-Justizcommission über das Geschwornengericht Berlin 819. fol.

H. Th. Schletter die rheinische Gerichtsverfassung und das rheinische Strafverfahren. 847.

(Ruppenthal) Materialien zur Revision der rheinpreussischen Strafprocessordnung. 848.

A. v. Daniels, s. oben S. 28.

Archiv für Civil- und Criminalrecht der Rheinprovinz, seit 1820; jezt erscheinen jährlich zwei Bände. Die zweite Abteilung enthält die Entscheidungen des Cassationshofes (jezt Section des Obertribunals) zu Berlin.

Leop. Volkmar die Jurisprudenz des rheinischen Cassationshofes zu Berlin, von 1819 bis 1846. Berlin 848.

Anhang: zur Literatur des englisch-schottischen Strafprocesses.

Ueber die einheimische Gesezgebung und Literatur s. Biener Geschwornengericht S. 247...312. Mittermaier Strafverfahren ed. IV. §. 21. Dazu:

J. Rüttimann engl. Strafrechtspflege 837. — H. J. Stephen Handbuch des engl. Strafrechts und Strafverf. Uebersezt u. s. w. von E. Mühry. 843. — W. M. Best Grundzüge des engl. Beweisrechts, herausgegeb. v. Marquardsen 851. — Mittermaier das engl. schott. und nordamerikan. Strafverf. 851. — Biener Geschwornengericht, s. oben S. 12.

FSC
www.fsc.org
MIX
Papier | Fördert
gute Waldnutzung
FSC® C083411

Kolibri 360 GmbH
Ferdinand-Jühlke-Straße 7
99095 Erfurt, Deutschland
produktsicherheit@kolibri360.de